Du ski pour Tibili

Collection dirigée par
Laurence Kiéfé.

Du ski pour Tibili

Marie Léonard

Illustrations de

Andrée Prigent

MANGO POCHE

Marie Léonard travaille depuis toujours pour et avec les enfants. Elle aime aussi leur écrire des histoires.

Andrée Prigent est née en 1963 à Brest. Elle a passé toute son enfance dans cette ville avant de venir faire ses études aux Beaux-Arts de Rennes. Elle travaille pour la presse et elle anime un atelier pour enfants.

Tibili va participer
à un concours organisé
par une maison
d'articles de sports
pour les écoliers africains
de langue française.

Le premier prix est un séjour
à la montagne.

Les épreuves sont très difficiles.
Il faut connaître
la géographie du pays d'accueil
et les différents sports d'hiver.

France

Un lundi matin,
à huit heures,
Tibili se rend à l'école
de son village
pour le concours.

Il entre dans la classe,
s'installe comme ses copains
devant un questionnaire.
Un instituteur dicte les questions
aux élèves.

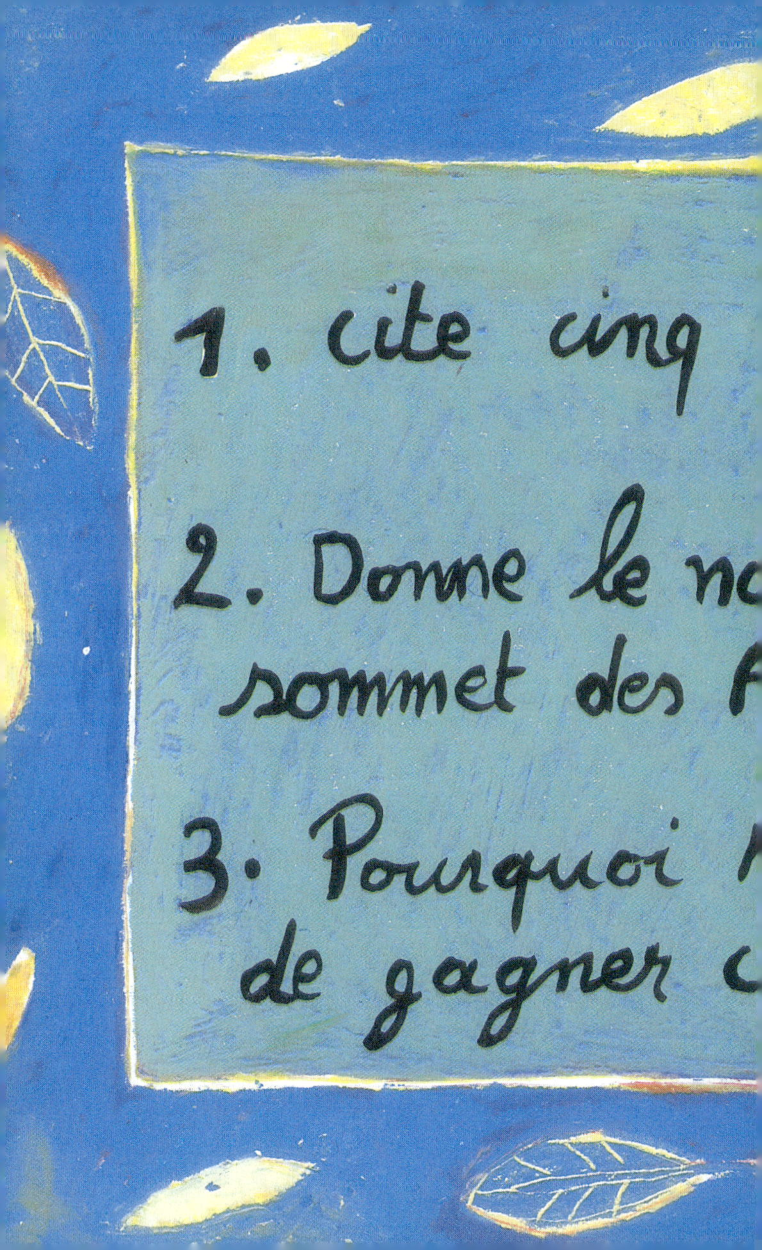
1. cite cinq
2. Donne le
sommet des
3. Pourquoi
de gagner

orts de neige

du plus haut
nes

nais. tu content
beau voyage ?

Tibili, sérieux et appliqué,
répond sans hésitation
aux deux premières questions,
les plus faciles.

1. Je cite cinq sports de neige :
Le ski alpin
Le ski de fond
Le patinage
Le « bob »
Le saut du tremplin

2. Le plus haut sommet des Alpes est le massif du Mont-Blanc. (4807 m).

Enfin, la dernière question qui est la plus difficile. Quand on est content, on est content.

Impressionner un jury
en disant pourquoi,
c'est une autre affaire !
A quoi bon dire pourquoi,
puisque ça se voit bien,
qu'on est content.

Résigné, Tibili écrit :

Parce que je prendrai l'avion pour la première fois.

Parce que je verrai des montagnes avec beaucoup de neige.

Parce que j'apprendrai à skier, à patiner, à faire de la luge.

*Parce que je verrai
en chair et en os,
de très grands champions.
Parce que je me ferai
des copains français
avec qui je jouerai
dans la neige.*

*Parce que je mangerai
de la raclette.*

Le lendemain,
les résultats sont affichés
à la porte de l'école.
Cinq noms sont marqués
sur la liste des gagnants.
Il y a un nom par classe.

Tibili se précipite sur la porte
en bousculant ses petits camarades.
Il n'en croit pas ses yeux ;
son nom est inscrit : TIBILI !

Pour s'en persuader,
il le touche du doigt.
Il se met à scander :
– J'ai-ga-gné, j'ai-ga-gné...
Fou de joie, il improvise
une danse très réussie.

Tous ses petits copains
l'accompagnent
en battant des mains.
Il revient à la maison
en gambadant.

Ses trois grands frères
et ses petites sœurs
s'inclinent devant lui,
comme s'il était
un grand chef, un grand manitou.

Les garçons le hissent sur leurs épaules jusqu'au seuil de la case.

Les filles piétinent le sol
en faisant des pirouettes.

Papa, tout fier, rythme sa joie sur le tam-tam tandis que maman prépare le foutou, plat national, pour fêter ce grand succès.

L'instituteur arrive
chez ses parents pour donner
quelques conseils
au sujet des bagages.
Il faut très peu de choses :
anorak, pantalons,

bonnet, chaussures, skis
et patins seront offerts
à l'arrivée

par le marchand
d'articles de sport
qui organise le concours.

Enfin, c'est le grand départ.
La nuit est tombée,
l'aéroport scintille
de mille points lumineux.
Mais Tibili n'est pas rassuré
car il n'a jamais pris l'avion
de sa vie.

En embrassant son papa,
sa maman, ses frères et ses sœurs,
son cœur est un peu gros.
Il aurait aimé
les emmener avec lui.

Mais courageusement,
Tibili suit les copains
sans se retourner.

Il se réveille en France,
dans un aéroport
baigné de lumière.
Coup de fouet en plein
dans les yeux : la neige.

Tibili la touche, intrigué.
Il en prend dans le creux
de sa main.
La neige fond et ses doigts
sont glacés. Tibili la goûte,
ce n'est ni sucré, ni salé.
Tout ce blanc sur des kilomètres
et des kilomètres ; et là-haut,
ce ciel d'un bleu éclatant.

Un jeune garçon s'avance vers lui.

– Tibili ?

Il a la peau blanche, les yeux clairs, il parle sa langue.

– Bonjour, Tibili. Je m'appelle François. As-tu fait bon voyage ?

– Oui, j'ai fait bon voyage, répond Tibili tout intimidé.

François lui prend sa valise et l'invite à venir dans son chalet pour déjeuner.

– J'ai très faim, dit Tibili, est-ce que je vais manger de la raclette ?

François éclate de rire et répond :

– Pas au petit déjeuner, mais demain sûrement.

Puis ils font la course jusqu'à la voiture où les parents de François les accueillent avec un grand sourire.

Ils arrivent devant la maison
et vont poser la valise
dans la chambre de François.

Il y a deux lits jumeaux.
Le soir, on pourra se raconter
beaucoup d'histoires.

Le lendemain matin,
François et Tibili
chaussent leurs skis.
Et les voilà partis.

Au début, Tibili est très maladroit.
Il tombe tout le temps.
A la fin de la matinée, il tient debout.
Au bout de trois jours, il arrive même à descendre convenablement.

Cet après-midi, les deux copains assistent à des compétitions avec enthousiasme.

Puis, ils admirent le style
des skieurs de fond.
Le lendemain,
on va à la patinoire.
Les patineurs exécutent
des figures époustouflantes.
On dirait qu'ils dansent.

Le jour suivant,
ils découvrent comment
on pratique le « bob ».
Ils se rendent au tremplin
pour admirer les sauts des skieurs
qui s'élancent comme
de grands oiseaux.

Hélas, tout a une fin.
Il faut retourner en Afrique.
Il faut refaire la valise.
Tibili a eu une semaine
bien remplie.

Il a découvert
une région de la France.
Il a admiré les montagnes
et s'est initié aux jeux de neige
et de glace.

Il s'est fait des petits copains français, que la maman de François a invités à se régaler de raclette. Il a pris des photos de ses sportifs préférés.

Mais François a bien peur
qu'il n'ait fixé sur la pellicule,
que leurs genoux

et leurs chaussures,
plutôt que leur tête ou leur buste.
Tibili n'est pas encore assez grand...
et il manque de technique !
Tant pis, tant pis...

Il a inscrit les noms
de ses copains
sur le petit carnet d'adresses
que lui avait offert son papa
et François lui a donné
un magazine en couleurs,
où l'on voit les grands champions
en action.

Que d'histoires Tibili aura
à raconter quand il va rentrer
chez lui !
Tellement qu'il lui faudra
des semaines pour les partager
avec ses amis.

Et le soir, adossé au fromager,
contemplant le ciel étoilé,
il rêvera de glissades vertigineuses
et de vols planés au-dessus
des vallées blanches.

Il rêvera aussi qu'un jour,
il emmènera François et ses copains

pêcher le barracuda dans sa pirogue
quand ils viendront lui rendre visite
dans son village.

Dépôt légal : Avril 1992.

Loi n° 49-956 du 16 juillet 1949
sur les publications destinées à la jeunesse.

ISBN 2 7404 0121 3